Os mistérios de Mithras: a história e o legado do culto religioso mais misterioso da Roma Antiga

Por Charles River Editors

Foto de Serge Ottaviani de um relevo de Mitras sacrificando um touro

Sobre Charles River Editors

Charles River Editors é uma editora digital especializada em trazer a história de volta à vida com livros educativos e envolventes sobre uma ampla gama de tópicos. Mantenha-se atualizado com as nossas ofertas novas e gratuitas com esta inscrição de 5 segundos em nossa lista de e-mail semanal, e visite nossa página de autores Kindle para ver outros títulos recém publicados no Kindle.

Fazemos esses livros para você e sempre queremos saber as opiniões de nossos leitores, por isso, incentivamos você a deixar avaliações e esperamos publicar novos e interessantes títulos todas as semanas.

Introdução

Um antigo relevo mitraico

"É como se a tradição viva e os registros escritos do cristianismo tivessem desaparecido do mundo por mil e quinhentos anos, e restassem apenas algumas centenas de monumentos e as ruínas de cerca de três igrejas. O que podemos extrair dessas doutrinas da fé?Como, de tão escassos restos, poderíamos reconstruir a história de Deus, as doutrinas salvadoras, os rituais, as liturgias? ”- GRS Mead, Os Mistérios de Mithra

No início do Império Romano, enquanto o Cristianismo lutava para se firmar e sobreviver no reservatório politeísta da teologia romana, seus maiores rivais não eram os césares ou a aristocracia romana, mas sim a fé e a devoção do legionário romano comum. A fé desses homens estava centrada no deus Mitra, que eles acreditavam os ter levado à vitória no campo de batalha por quase quatro séculos

Apesar dessa crença generalizada entre os soldados, o culto de Mitra não foi uma criação dos romanos, embora eles eventualmente adicionassem seus próprios rituais e mistérios à religião antiga. Na verdade, a religião mitraica foi uma criação indo-persa, uma teologia que conseguiu viajar da Índia e de volta ao mundo helênico e romano por meio da conquista do Império Persa por Alexandre o Grande. Com o tempo, o culto de Mitra se espalharia pelo mundo antigo e Mitra seria adorado desde as montanhas da Índia até as costas da Espanha. Como resultado, o culto a Mitra poderia ser encontrado em todos os cantos do Império Romano.

O culto a Mitra foi uma das muitas “religiões de mistério” que os romanos adotaram, várias das quais vieram de culturas fora de Roma.Ísis, uma deusa egípcia, e Cibele, uma deusa da Anatólia, eram populares entre as mulheres romanas, enquanto Mitra, que era uma variação do nome do semideus zoroastriano Mitra, era popular entre os soldados romanos e a elite política por mais de 400 anos. Como o culto de Mitra, como todos os cultos de mistério romanos, era de natureza esotérica, a natureza exata da influência que outras culturas tiveram sobre o culto permanece desconhecida, mas algumas evidências arqueológicas levaram os estudiosos modernos a fazer deduções lógicas. Alguns acreditam que o recrutamento de soldados persas para o exército romano e o contato contínuo entre partos e romanos levaram alguns membros da sempre eclética sociedade romana a adotar o culto diretamente da religião parta / zoroastriana (Clark 2001, 157).Esta parece ser a explicação mais plausível, mas outros argumentaram que o culto a Mitra era na verdade uma religião romana que recebeu uma fachada parta para parecer mais exótica a fim de atrair romanos fascinados com a espiritualidade oriental (Clark 2001, 157).

A melhor evidência para determinar as origens do culto a Mitra pode ser encontrada nos muitos templos da Europa que os romanos ergueram para o deus. Esses templos, conhecidos como mithraea, eram câmaras subterrâneas onde aconteciam os rituais secretos do culto. A melhor evidência da mitraia existente são os relevos nos altares, que retratam uma história mitológica gráfica. Os relevos do altar geralmente retratam o deus matando um touro e muitas vezes acompanhado por um cachorro saltitante (Clark 2001, 158). As referências à teologia zoroastriana são inconfundíveis; a matança do touro é semelhante a um relato de um texto zoroastriano (o Bundahishen), enquanto os cães eram vistos como asha animais na teologia zoroastriana e uma parte importante do ritual funerário (Clark 2001, 158). A iconografia detalhada nos altares de Mitra sugere que os inventores do culto a Mitra tinham mais do que apenas um conhecimento superficial do zoroastrismo, o que por sua vez indica uma proveniência da religião em algum lugar do persa ou da Pártia.

Claro, se o culto a Mitra começou como uma interpretação romana de alguns elementos da teologia zoroastriana, então novas questões são levantadas. Talvez a questão mais óbvia seja por que os romanos adotariam os deuses de um de seus maiores inimigos. A resposta a esta pergunta pode nunca ser revelada, mas o fato de que os romanos adoravam Mitra demonstra a força e vitalidade das culturas estrangeiras, mesmo quando Roma as conquistou.

Os mistérios de Mithras: a história e o legado do culto religioso mais misterioso da Roma Antiga

Sobre Charles River Editors

Introdução

Índia e Pérsia

Mitra se Move Mais para o Oeste

Introdução a Roma

Mitra se Espalha por Todo o Império

Mitra em Roma

Cristianismo e o Culto de Mitra

Conclusão

Fontes da Web

Leituas de Aprofundamento

Livros Gratuitos da Charles River Editors

Livros com Descontos Especiais da Charles River Editors

Índia e Pérsia

**Imagem de Cristian Chirita de uma estátua de Mitra
e artefatos**

A migração de Mitra da Índia para a Pérsia e depois para
o mundo helênico e romano não foi rápida nem constante.
Como qualquer migração, ocasionalmente ocorria em
ritmos diferentes ou se estabelecia e não se movia por
décadas ou mesmo séculos, mas, eventualmente, quase 15
séculos se passariam antes que o culto de Mitra fosse
estabelecido entre os legionários de Roma. A partir daí, a
adoração de Mitra subiu pelas camadas da sociedade

romana até que penetrou os mais altos escalões do mundo romano. Mitra, portanto, teria um lugar de honra dentro do panteão romano de deuses, e até mesmo os césares serviriam entre os membros mais graduados dos fiéis mitraicos. Na verdade, o poder do culto de Mitra seria tão grande no mundo antigo que desafiaria o Cristianismo pelo domínio teológico nos primeiros séculos da era atual.

Mitra teve seu início na Índia, onde seu nome era Mitra. A gravação mais antiga de seu nome, encontrada em uma placa escrita em cuneiforme, invoca sua proteção e bênção na conclusão de um acordo. A pequena amostra de evidência histórica que se relaciona com Mitra nos escritos védicos oferece aos estudiosos um lugar apropriado para começar o estudo de um culto que seria tão relevante na sociedade e cultura romanas e, assim, afetaria a estrutura e os fundamentos do mundo ocidental moderno.

Mitra era um deus indiano da luz, colocando suas bênçãos sobre acordos contratuais e garantindo que ambas as partes envolvidas permaneceriam fiéis a sua palavra. Mitra migrou lentamente da Índia para a Pérsia, carregada por migrantes e comerciantes, e foi na Pérsia que o nome de Mitra se transformou em Mitra. Foi na Pérsia também que Mitra foi prontamente aceito no panteão um tanto rudimentar da mitologia persa primitiva.

Para os persas, Mitra assumiu o manto do deus da luz, como havia sido para os indianos, e embora o deus absorvesse alguns dos aspectos do antigo deus persa da luz também, seus novos adoradores ainda aceitavam alguns dos indianos originais rituais e mistérios. A chegada de Mitra na mitologia persa, e mais importante a aceitação de sua posição de poder, trouxe uma humanidade até então desconhecida aos deuses dos persas. Ao contrário dos gregos e romanos, os deuses e deusas do panteão persa primitivo não possuíam as fraquezas, falhas e a forma humana básica das encarnações divinas do mundo helênico. Por outro lado, Mitra tinha uma forma humana e possuía e exibia emoções.

Foi na Pérsia que Mitra também iniciou sua lenta evolução no ser que mereceria o respeito e a devoção de alguns dos melhores guerreiros dos primeiros séculos do Império Romano. Na Pérsia, as tribos bárbaras rudes dos séculos 15 e 14 aC aprenderam a história e a mitologia de Mitra dos índios, pessoas que os informaram que Mitra era "o gênio da luz celestial". (Cumont, The Mysteries of Mitra. Amazon Press, 1.2).Foi Mitra quem preparou o caminho para o sol e, portanto, era a sua luz que todos podiam ver antes de o sol nascer, e era a luz de Mitra atrás das montanhas e pairando logo abaixo do horizonte. E foi dito que foi a luz de Mitra que iluminou sutilmente a terra depois que a noite caiu. Mitra, a mitologia sustentava, tudo observava e ouvia com "suas cem orelhas e seus cem olhos" (Cumont, The Mysteries of Mitra. Amazon Press, 1.5). Assim, Mitra estava "sempre esperando, sempre vigilante" (Cumont, The Mysteries of Mitra. Amazon Press, 1.5), olhando para o mundo e seus fiéis.

A vigilância de Mitra não se aplicava meramente ao nascer e ao pôr do sol, entretanto. Ele vigiava a terra e também o povo. As observações cuidadosas de Mitra se estendiam, mais importante, às obrigações contratuais que surgiam entre homens de honra, os acordos que foram feitos entre cidades e também aqueles que foram feitos entre países e - talvez o mais importante - aqueles acordos vinculativos que foram feitos entre reis e os soldados cuja lealdade eles comandavam. Não foi difícil entender, então, como Mitra assumiu o manto do "deus da verdade e integridade" (Cumont, The Mysteries of Mitra. Amazon Press, 1.5) com o passar das décadas na Pérsia. Os antigos seguidores de Mitra, portanto, na conclusão de seus votos mais sagrados, invocariam seu nome a fim de garantir que cada parte se esforçasse para cumprir suas partes no acordo. E quando chegar a hora de homens honrados lidarem com aqueles homens que quebraram seus juramentos; com aqueles que renegaram suas obrigações contratuais; e com aqueles homens que eram simplesmente os mais vis dos mentirosos, era em nome de

Mitra que os violadores dos juramentos eram punidos.

Como o deus da luz e da verdade e integridade, acreditava-se que Mitra estendia as mãos sobre os fiéis na Pérsia. Foi ele, para sempre "acordado e sem dormir", que manteve a vigilância. (Cumont, The Mysteries of Mitra . Amazon Press, 1.7).Sua vigilância era eterna e poderosa, e quando Mitra viu homens que eram praticantes do mal ou avistou os demônios que encorajavam os homens a cometerem as más ações que cometeram, Mitra interveio em favor dos inocentes e fiéis. Os fiéis persas contariam que a fúria da cólera de Mitra o induziu a se lançar de seu poleiro nos céus em direção a seus inimigos.Vestido com todos os seus apetrechos para a guerra, ele se lançou sobre seus inimigos para feri-los.Mitra era cruel e implacável na batalha, não estendendo nenhum quarto ao seu inimigo e conduzindo-o diante dele no campo de honra.Ele massacraria aqueles de seus inimigos que ousassem ficar contra ele e assim trazer desolação para suas terras. Ele iria arrasar as casas dos inimigos e não se importava se varresse uma nação inteira da face da terra ou se era simplesmente uma pequena vila de pescadores. Todos aqueles que eram perversos e perversos eram hostis a ele, e aos olhos de Mitra a condenação desses homens era tão garantida quanto o nascer e o pôr do sol.

Para aqueles reis e comandantes que eram leais a Mitra, e para aqueles soldados que permaneceram fiéis à sua fé,

Mitra era o maior dos aliados. Os antigos persas acreditavam que Mitra garantiria totalmente que qualquer golpe tentado pelo inimigo dos fiéis seria insuficiente, ou erraria em sua totalidade, e como os romanos aprenderiam com os fiéis mitraicos, a vitória era certa para aqueles que estavam dispostos a sacrificar em nome de Mitra e honrá-lo como digno de sua posição divina. Por meio da educação sobre o que era certo e justo, eles praticavam os mistérios em torno de seus rituais.

Com o passar dos séculos, Mitra tornou-se não apenas o deus da luz e da justiça, mas também o caminho da redenção para aqueles que eram fiéis a ele e ao que ele representava. Por meio da adoração de Mitra e da educação adequada em seus vários mistérios, um guerreiro poderia ser redimido. Para aqueles homens acostumados a uma vida curta e brutal, a redenção por meio de Mitra, o deus do soldado fiel, era uma nova área importante e significativa de crescimento na tradição mitraica.

Foi também nessa época que o zoroastrismo foi introduzido na Pérsia e estava dominando lentamente a paisagem teológica. Mitra permaneceu, entretanto, e à medida que os soldados começaram a encontrar a redenção por meio dele e se sentiram protegidos por ele, os rituais de adoração em torno de Mitra começaram a ser codificados. Os rituais de Mitra começaram a seguir os rituais e mistérios da liturgia persa Mazdean.

A liturgia mazdiana é uma parte essencial da religião zoroastriana, então não é nenhuma surpresa real que os sacerdotes e clérigos do mitraísmo modelassem seus próprios esforços litúrgicos segundo a religião popular - e dominante - da época. Esta cerimônia em particular foi extremamente estruturada, além de ser excepcionalmente rigorosa. Parte da cerimônia consistia em oferecer um sacrifício a Mitra, e os animais do sacrifício iam de pássaros a gado de vários tamanhos (o animal a ser sacrificado dependia do motivo da cerimônia). As poucas imagens esculpidas que restam de Mitra frequentemente o mostram sacrificando um touro, um ato que ele teria cometido cedo em sua vida, quando o deus do sol lhe ordenou que sacrificasse o deus-touro Soma. Durante este ato, Mitra pode ser visto virando a cabeça para longe do touro, pois foi dito que ele não queria matar Soma. Essa aversão a matar o deus-touro era uma parte fundamental da tradição mitraica, porque ele é visto como Mitra seguindo as ordens do deus acima dele, a figura paterna; seu ato de devoção, embora doesse, seria de grande importância para os romanos nos séculos posteriores.

Representações de Mitra matando um touro com a cabeça virada para longe

Os sacrifícios de animais a Mitra não eram os únicos incidentes de derramamento de sangue nos rituais necessários. Foi registrado que qualquer sacerdote mitraico "era obrigado a purificar-se por repetidas abluções e flagelações" antes de ser considerado digno o suficiente para se aproximar do altar e oferecer os sacrifícios necessários para invocar o favor de Mitra. (Cumont, The Mysteries of Mitra . Amazon Press, 1.11).

Com este sistema rigoroso e bem estabelecido de adoração em vigor, bem como sua popularidade com elementos da população persa, apesar do influxo e influência do zoroastrismo, não é surpresa que Mitra tenha sobrevivido à grande transformação da estrutura teológica da Pérsia uma vez que o zoroastrismo se tornou a religião dominante. Foi por volta do século 6 aC que o zoroastrismo conseguiu se tornar a principal religião da Pérsia, e Mitra não apenas sobreviveu à mudança da guarda espiritual, mas foi até aceito e adotado no panteão dos deuses zoroastristas.

Embora Mitra não tenha mantido sua posição elevada dentro dessa nova estrutura religiosa, ele manteve suas características únicas. Uma vez que Mitra era o deus preferido dos guerreiros - e adorado quase inteiramente por eles - e como tanto a verdade quanto a justiça também estavam dentro do reino de preocupação de Mitra, ele era frequentemente emparelhado com o deus zoroastriano Sraosha (o deus da audição e da lealdade) e o deus zoroastriano Verethraghna (o deus da vitória e da vingança). Além de ser emparelhado principalmente com esses dois deuses zoroastrianos, Mitra foi ocasionalmente emparelhado com outros do panteão quando o deus supremo do zoroastrismo, Ahura Mazda, sentiu que isso era necessário.

Uma estátua de Mitra (à esquerda) e Ahura Mazda (à direita) abençoando a investidura de um imperador sassânida

Apesar de todos esses vários pares com outros deuses, e independentemente do fato de que Mitra era agora adorado principalmente entre as tribos distantes e nas fileiras da soldadesca persa, Mitra sobreviveu como uma divindade única. Os fiéis continuaram a ser fiéis e, uma vez que o culto de Mitra se adaptou à religião indígena da Pérsia quando migrou para o oeste, o culto teve poucos problemas com adaptações adicionais quando necessário. Durante séculos, a religião mitraica se espalhou e ganhou uma base sólida na Pérsia, e agora, quando o zoroastrismo se estabeleceu na Pérsia, o culto de Mitra mais uma vez mostrou que sobreviveria bem à mudança de regime teocrático.

O zoroastrismo garantiu seu próprio lugar na Pérsia - a ponto de ainda haver praticantes da religião no Oriente Médio - e proporcionou ao culto de Mitra a oportunidade de aumentar sua própria estabilidade. O conflito armado era um fato incessante da vida no mundo antigo, então os soldados persas se prepararam para a batalha com o sacrifício ritualístico de animais e cerimônias específicas, e enquanto o zoroastrismo assumia o controle das cidades e vilas da Pérsia, a antiga fé em Mitra permaneceu forte e vibrante entre as tribos indisciplinadas. Na verdade, o culto de Mitra, que foi principalmente afastado das influências de uma teologia mais civilizada, garantiu que o poder de Mitra dentro do panteão persa continuasse a crescer.Apesar da influência do zoroastrismo, Mitra manteve sua posição e tornou-se o braço direito de Ahura, o deus zoroastriano do céu. Como o deus do céu, Ahura foi o criador de todas as coisas e foi - de acordo com o Zoroastrismo - o criador de Mitra também.

Embora o zoroastrismo tenha colocado Mitra em uma posição subserviente, os membros do culto de Mitra, que viviam nas áreas remotas da Pérsia, tinham uma filosofia diferente. Esses seguidores concordaram com os zoroastrianos que Ahura havia criado Mitra, mas aqueles do culto de Mitra acreditavam que Mitra havia sido criado como igual a Ahura e, de acordo com as porções mais antigas da história de Mitra, o deus era um guardião cuja responsabilidade era vigiar o mundo e protegê-lo dos males e abusos dos homens ímpios e dos demônios que os causavam problemas. Eles acreditavam que era apenas por meio da justiça e determinação divinas de Mitra, "este guerreiro sempre vitorioso", que Ahura era capaz de derrotar os inimigos dos homens. (Cumont, The Mysteries of Mitra . Amazon Press, 1.13). As antigas crenças das tribos persas sustentam a crença de que até Ahriman, o grande deus do mal, tremeu de medo com a simples menção de Mitra.

Assim foi que Mitra era, na antiga mitologia persa, "o chefe dos exércitos celestiais no combate incessante com o Espírito das Trevas, que das entranhas do Inferno envia seus demônios". (Cumont, The Mysteries of Mitra . Amazon Press, 1.20). O papel de Mitra, então, não pode ser minimizado e sua importância - especialmente como um guerreiro e defensor da justiça - deve ser entendida para perceber plenamente o fascínio do culto de Mitra às legiões romanas em particular e ao povo romano em geral.

Evidências da adoração de Mitra, especialmente entre a nobreza da Pérsia, podem ser encontradas na documentação escrita da época. Essa documentação específica existe na forma de esculturas, contos heróicos e sobre tumbas. Entre todas essas evidências, há uma extensa informação a respeito dos nomes dos nascidos nobres que foram registrados, e há um "grande número de nomes teóforos, ou divinos, combinados com o de Mitra, que foram carregados por seus membros da mais remota antiguidade. " (Cumont, The Mysteries of Mitra . Amazon Press, 1.22).

Na antiga Pérsia, Mitra era um deus muito célebre, mesmo por aqueles que não o homenageavam especificamente. A Pérsia dedicou o sétimo mês de cada ano a Mitra, bem como "o décimo sexto dia de cada mês". (Cumont, The Mysteries of Mitra . Amazon Press, 1.24). Durante o sétimo mês, bem como no dia dedicado a ele em cada um dos outros meses, cerimônias eram realizadas em homenagem a Mitra. De acordo com uma história da época escrita pelos antigos, como Ctesias, o Cnidiano (um médico e historiador grego que viveu durante o século 5 AEC e foi autor de 23 livros sobre a história da Pérsia, bem como vários outros livros sobre a variedade de assuntos), os festivais que eram dedicados a Mitra eram ocasiões solenes. Durante esses festivais, havia danças sagradas e cerimônias intensamente ritualísticas, parte do que era conhecido como Mitrakana, e eram aguardadas com grande expectativa tanto por aqueles que estariam realizando as danças e cerimônias quanto por aqueles que estariam observando-os. Também não deveria ser nenhuma surpresa, então, que o clero oficial do Império Persa, os Magos, desempenhariam um papel importante nas cerimônias, rituais e tradições mitraicas.

Essas celebrações populares continuaram anualmente ao longo dos séculos, com a forma básica mudando apenas ligeiramente com o passar dos anos, de modo que ainda retiveram seus elementos essenciais até os tempos modernos. Antes da divisão da Pérsia em Iraque e Irã após a conclusão da Primeira Guerra Mundial, a cerimônia anual que celebrava a chegada da temporada de inverno estava firmemente enraizada nas celebrações de Mitrakana da antiga Pérsia.

O que talvez seja mais impressionante sobre a

capacidade de sobrevivência do culto de Mitra é o fato de que Mitra era o único "deus persa cujo nome era popular na Grécia antiga". (Cumont, The Mysteries of Mitra . Amazon Press, 1.24). Este fato, embora aparentemente simples e inócuo, é realmente significativo quando se considera a natureza xenófoba e desdenhosa da sociedade grega antiga. O fato de Mitra ser conhecido na cultura antiestrangeira da Grécia antiga dá uma boa ideia da importância de Mitra na cultura e na sociedade persas daquela época.

Mitra se Move Mais para o Oeste

Como os caldeus (uma tribo semítica que uma vez controlou e governou a Babilônia) dominou o que eles acreditavam ser a religião primária - embora primitiva - da Pérsia e procuraram impor sua influência sobre ela, Mitra ainda sobreviveu. Enquanto outras divindades desapareceram ou foram absorvidas completamente pelas mitologias de suas novas contrapartes, Mitra ainda conseguiu manter sua posição de elite como o deus da justiça. Com o passar do tempo e como os corpos celestes foram designados deuses, Mitra tornou-se fisicamente representado por nada menos do que o próprio sol. Mitra, entretanto, não era apenas o deus da justiça, mas ainda o protetor divino dos reis, o deus de quem a vitória seria entregue nos braços dos justos e justos. Ele se apresentou tão fortemente e com tanto vigor sua fé foi protegida pelos verdadeiros crentes até o século 5 EC. Os Mistérios de Mitra eram ensinados pelos descendentes dos Magos na Capadócia (onde hoje é a moderna Turquia).

Quando Alexandre, o Grande, da Macedônia, conquistou o Império Persa em 323 AEC, a fé persa era forte e assim permaneceu, graças em grande parte ao fato de Alexandre não estar tentando desmontar a cultura persa. Livrar-se da cultura persa era, de fato, algo impossível, e Alexandre sabia disso. Ele tinha não apenas uma compreensão da guerra e das táticas em geral, mas também entendia que, para que sua conquista do Império Persa continuasse efetiva, ele precisaria assegurar o bom funcionamento do antigo império. Para fazer isso, Alexandre procurou manter administradores nativos bem informados em cargos governamentais importantes. Alexandre também arranjou casamentos entre alguns de seus oficiais de alta patente e as filhas de funcionários políticos e públicos importantes. Este ato criou uniões familiares que uniram os conquistados ao conquistador e que garantiram a sobrevivência e propagação da religião persa quando oficiais macedônios, gregos e romanos trouxeram suas esposas para seus territórios nativos, caso optassem por não permanecer dentro dos vastos limites de Pérsia.

Um antigo busto de Alexandre

Visto que a maioria dos casamentos orquestrados e arranjados por Alexandre era com membros da aristocracia persa e mercadores persas abastados, seus oficiais foram apresentados a Mitra e aos mistérios do deus. Mitra era naturalmente o melhor dos deuses a ser apresentado aos soldados de qualquer exército, mas especialmente àqueles aparentemente invencíveis como o de Alexandre. Os soldados profissionais de Alexandre podiam aceitar prontamente a existência de Mitra, visto que as coisas e crenças que ele representava eram verdades que eles defendiam. Os homens de Alexandre derrotaram uma nação pela força das armas e viram a causa de seu jovem general macedônio como justa. De que outra forma a derrota do maior dos inimigos poderia ser explicada? Mitra não era um deus verdadeiramente poderoso então? Mitra não tinha dado as costas aos persas e abraçado os soldados de Alexandre, o Grande? E como as novas esposas desses oficiais vitoriosos certamente teriam atestado, Mitra era extremamente poderoso, pois enquanto o sol brilhava sobre o mundo, Mitra também esperava em seu poleiro acima do mundo para deter o mal e apoiar as causas da direita e o justo.

Após o colapso do Império Persa, houve um grande compartilhamento de ideias e crenças conforme os gregos começaram a se espalhar para o antigo império e, com o tempo, substituíram ou absorveram em sua própria cultura alguns aspectos de várias práticas persas e tradições. Como Franz Cumont observou, "O contato de todas as teologias do Oriente e todas as filosofias da Grécia produziu as contribuições mais surpreendentes" para o mundo do pensamento. (Cumont, The Mysteries of Mitra . Amazon Press, 1.32).

Como resultado, durante os anos que se seguiram diretamente à conquista do Império Persa por Alexandre, acredita-se que a adoração de Mitra, como seria praticada pelos romanos, começou a tomar sua forma definitiva. As crenças e mitologia de Mitra foram claramente definidas nesta época, e também foi durante esta época que o dogma, rituais, catecismos, práticas estabelecidas e várias cerimônias começaram a se estabelecer. Obviamente, quando o culto de Mitra chegasse a Roma, os romanos acrescentariam suas próprias influências e marcariam o culto e os mistérios.

Introdução a Roma

"Nos mistérios secretos, os magos relatam uma outra tradição maravilhosa a respeito desse deus (Zeus), de que ele foi o primeiro e perfeito deus, o melhor motorista dos carros do universo.Pois eles declaram que o carro do sol é mais recente, mas por causa de seu curso proeminente no céu se tornou familiar a todos. De onde se deriva, ao que parece, a lenda comum adotada por quase todos os principais poetas que falaram sobre o nascer e o pôr do sol, a junção dos corcéis e sua subida para o carro. Mas sobre o carro poderoso e perfeito de Zeus, nenhum de nossos escritores até agora contou dignamente, nem mesmo Homero ou Hesíodo, mas a história é contada por Zoroastro e os descendentes dos magos que aprenderam com ele. Dele os persas relatam que movido pelo amor à sabedoria e à justiça, ele se separou dos homens e viveu separado em uma certa montanha, que o fogo subsequentemente caiu do céu e toda a montanha foi acesa em chamas. O rei então com o mais ilustre dos persas se aproximou desejando oferecer uma oração ao deus. E Zoroastro saiu ileso do fogo e pediu-lhes gentilmente que tivessem bom ânimo e oferecessem certos sacrifícios, visto que era o santuário divino ao qual o rei tinha vindo. Posteriormente, apenas aqueles que se distinguiam por amor à verdade e que eram dignos de se aproximar do deus tiveram permissão para ter acesso, e a estes os persas deram o nome de magos, como sendo adeptos do serviço divino; diferindo nisso dos gregos que, por ignorância do nome, chamam tais homens de feiticeiros. " - Dio Crisóstomo

Enquanto Mitra permaneceu uma divindade poderosa nos arredores e lugares distantes do colapso do Império Persa, o deus teve pouco efeito sobre os gregos ou na helenização geral de certos aspectos da cultura persa. Mitra era conhecido e reconhecido pelos gregos, mas sua adoração como o deus da luz e dos reis não via uma prática regular ou generalizada entre os gregos ou persas que gradualmente adotaram a cultura helenística. Embora Alexandre, o Grande, tivesse solidificado seu poder por meio de casamentos arranjados entre a nobreza persa e a classe alta com seus oficiais, o status de suas esposas não era uma posição social transferível para os soldados de Alexandre. Muitos desses homens eram de origem inferior e haviam conquistado suas fileiras e posições no exército conquistador com a força de seus próprios braços e sua coragem nos campos de batalha. Embora esses soldados, e subsequentemente alguns dos homens sob seus comandos possam muito bem ter começado a adorar Mitra, isso não significa de forma alguma que a sociedade helênica como um todo tenha adotado os Mistérios de Mitra e as cerimônias rigorosas que faziam parte dela.

Como tal, Mitra continuou a ser adorado por aqueles do antigo Império Persa que viviam nas áreas e terras brutais que tinham pouca ou nenhuma atração para invasores e conquistadores. O culto de Mitra permaneceu entre a nobreza persa com o passar do tempo, mas os verdadeiros fiéis podiam ser encontrados principalmente entre os de origem humilde e entre os violentos. Os soldados elogiaram Mitra e ofereceram suas orações a ele, e foram essas pessoas e outras como elas que ajudaram a manter a adoração de Mitra e seus mistérios viva e vibrante nas cidades helenizadas do antigo Império Persa.

Com o tempo, o poderio militar dos gregos começou a enfraquecer. A aparentemente impenetrável falange macedônia, que Alexandre manejou tão habilmente como parte de sua máquina de guerra, finalmente se uniu contra as legiões de Roma enquanto Roma buscava espalhar seu próprio poder e influência pelo Mediterrâneo. Quando Roma começou a desafiar a Grécia e enfrentou-os em vários confrontos e batalhas, as disputas eram apertadas. Por exemplo, em 22 de junho de 168 AEC na Macedônia, um exército macedônio sob o comando de Perseu da Macedônia enfrentou um exército romano comandado por Lúcio Emílio Paulo, perto da cidade de Pidna. Embora os romanos estivessem em menor número que os macedônios, que enviaram 44.000 soldados para os 29.000 de Roma, eles acabariam ganhando a batalha. Durante a batalha, os romanos inicialmente precisaram recuar devido à pressão colocada sobre as primeiras fileiras pela falange macedônia e, por um curto período, parecia que os macedônios teriam sucesso em repelir os romanos e colocá-los na debandada. No entanto, foi neste ponto da batalha que a cavalaria romana deu meia-volta e atingiu o flanco exposto da falange macedônia. Os macedônios logo foram derrotados, e os romanos massacraram aqueles que podiam. No final da batalha, os romanos sofreram cerca de 1.000 baixas, enquanto os macedônios perderam 25.000 mortos ou capturados, incluindo o comandante macedônio Perseu.

Nesta batalha, apenas nos arredores da cidade grega de Pydna, os romanos exibiram a característica que lhes permitiria dominar o mundo nos séculos vindouros: adaptabilidade. Ao contrário da Grécia, a Roma antiga sentia-se perfeitamente confortável em abraçar as ideias, invenções e práticas de outros. Os romanos eram os mestres inegáveis na arte de incorporar costumes e tecnologia estrangeiros em sua própria cultura e sociedade. Os romanos não apenas adotaram abertamente essas inovações, mas também se sentiram completamente à vontade para adotar as ideias de outros.

Naturalmente, este foi certamente o caso quando se tratou de inovações militares, e um exemplo perfeito dessa característica romana de adaptabilidade e incorporação é a maneira como a República Romana construiu sua primeira marinha. Isso ocorreu durante a Primeira Guerra Púnica contra os cartagineses, os senhores do Mediterrâneo e o indiscutível poder naval da região. Ao obter um navio de guerra cartaginês, os romanos conseguiram fazer a engenharia reversa do navio capturado e, com o navio cartaginês totalmente desmontado, os artesãos e construtores navais romanos puderam copiar o projeto. Em um período de tempo extremamente curto, os romanos estavam literalmente despindo a península italiana de árvores a fim de construir sua própria frota para que pudessem desafiar os cartagineses no Mediterrâneo. Na época em que os romanos terminaram a Primeira Guerra Púnica, eles se tornaram mestres na construção de navios por direito próprio e tomaram o controle do Mediterrâneo das mãos de uma nação que operou quase impunemente através do Mar Mediterrâneo por séculos.

Os romanos trouxeram esse mesmo impulso para a

conquista e adoção de tecnologia estrangeira para a compreensão e implementação de ideias estrangeiras que consideraram atraentes e atraentes. Isso é perfeitamente visto na maneira como muitos romanos se apaixonaram profunda e apaixonadamente pela cultura helênica, mesmo quando tiraram o controle do mundo antigo dos gregos. Alguns romanos abraçaram totalmente o panteão grego e a teologia, bem como certos costumes gregos e, além disso, as melhores famílias romanas contrataram tutores gregos para seus filhos, para lhes ensinar ciências e filosofia. O conhecido livro sobre filosofia estoica escrito pelo imperador romano Marco Aurélio Antonino foi baseado principalmente na filosofia helênica do estoicismo que Marco Aurélio tão prontamente abraçou e praticou.

Um busto de Marco Aurélio

Não deveria ser surpresa, então, que os romanos estivessem abertos à ideia de Mitra quando foram apresentados a ela. Mitra e seus mistérios representaram muitas ideias que não foram apenas populares entre os romanos, mas também serviram como as bases da cultura e da sociedade romanas. A sociedade e a cultura romanas giravam em torno de uma figura paterna central e funcionavam dentro de um sistema extremamente patriarcal. O pai, a principal figura patriarcal de qualquer casa romana, independentemente de seu tamanho, era o início e o fim de todas as coisas, e seu governo era absoluto, quer ele presidisse uma casa simples ou uma propriedade enorme.

O sistema patriarcal romano foi transportado para a vida pública romana também. Os senadores romanos se autodenominavam pais de seus constituintes, com o único propósito de buscar socorro e prover seus constituintes da mesma forma que um pai proveria para sua família.

Esse senso patriarcal de dever também se estendeu aos militares romanos. Esperava-se que centuriões romanos, tribunos, legados e cônsules zelassem pelos vários homens em seus comandos e cuidassem deles da mesma maneira que um pai cuidaria de seus filhos. Os legionários, por sua vez, carregavam os fardos correspondentes dos filhos, o que exigia que eles obedecessem a seus pais substitutos em todas as coisas e em todos os momentos. Com esse alto nível de patriarcado dominando a cultura romana e os militares, a natureza estrita, justa e guerreira de Mitra era um ajuste natural para o Império Romano. De acordo com os mistérios e os mitos, Mitra zelaria por todos os seus fiéis, levando suas legiões à vitória.

O antigo historiador Plutarco acreditava que a península italiana foi introduzida ao culto de Mitra pelos piratas cilícios (embora o termo "piratas" fosse bastante amplo e abrangesse uma ampla gama de nacionalidades, a maior parte da pirataria no Mediterrâneo foi contida quando o general romano Pompeu capturou a Cilícia em meados do século I AC). Esses piratas trouxeram seus vários sistemas de crenças para o mundo romano após sua conquista, e um desses sistemas foi o culto persa de Mitra.Os ex-piratas se misturaram com os destituídos e pobres do Império Romano ao longo da costa e, embora o culto a Mitra não prosperasse em tal ambiente, ainda permaneceu vivo. Plutarco escreveu:

"O que se segue é a opinião da grande maioria dos eruditos.Alguns afirmam que existem dois deuses, rivais por assim dizer, autores, um do bem e outro do mal. Outros confinam o nome de deus ao poder bom; os outros chamam de demônio, como foi feito por Zoroastro, o mago, que dizem ter vivido até a velhice cinco mil anos antes da guerra de Troia. Ele chama um de Horomazes, o outro de Areimanius. O primeiro, ele afirma, é de todos os fenômenos naturais mais intimamente relacionados à luz, o último à escuridão, e que Mithra mantém uma posição intermediária. A Mitra, portanto, os persas dão o nome do mediador. Além disso, ele ensinou os homens a oferecerem sacrifícios dignos e imaculados a Horomazes, mas a Areimanius imperfeito e deformado. Pois eles ferem uma espécie de grama chamada molu em um cocho e invocam o Hades e as Trevas; em seguida, misturando-o com o sangue de um lobo abatido, eles o carregam para um lugar sem sol e o jogam fora. Pois eles consideram algumas plantas como propriedade do deus bom e outras como propriedade do demônio mau; e assim também animais como cães e pássaros e ouriços pertencem à divindade boa, e a ratazana do mal. Destes últimos, portanto, é meritório matar tantos quanto possível.

Eles também têm muitas histórias para contar sobre os deuses, por exemplo, que Horomazes nasceu da mais pura luz, Areimanius das trevas, e estes são hostis uns aos outros. O primeiro criou seis deuses, as primeiras três divindades respectivamente de boa vontade, verdade e ordem, as outras de sabedoria, riqueza e uma boa consciência. Pelos últimos rivais, por assim dizer, foram formados em igual número. Então Horomazes estendeu-se para triplicar sua estatura tão além do sol quanto o sol está além da terra, e adornou o céu com estrelas, nomeando uma estrela, Sírio, como guardiã e vigilante antes de tudo. Ele também fez outros vinte e quatro deuses e os colocou em um ovo, mas Areimanius produziu criaturas de igual número e estas esmagaram o ovo. portanto o mal se mistura com o bem. No tempo determinado, porém, Areimanius deve ser totalmente reduzido a nada e destruído pela pestilência e fome que ele mesmo causou, e a terra será limpa e tornada livre de obstruções, a habitação de uma comunidade unida de homens vivendo em felicidade e falantes uma língua. Teopompo relata ainda que de acordo com os magos por três mil anos consecutivos cada um dos deuses tem domínio ou está em sujeição, e que se seguirá a estes um período adicional de três mil anos de guerra e contenda, nos quais eles destroem mutuamente o obras um do outro. Por fim, o Hades será derrotado e os homens serão abençoados e não precisarão de alimento nem de sombra. E a divindade que realizou essas coisas descansará e se consolará por um período que não é longo, especialmente para um deus, e moderado para um homem adormecido. Para este efeito, então, é o lendário relato dado pelos magos. ”

As pessoas do mundo romano também descreveram as origens de Mitra, notadamente que ele emergiu de uma rocha. De acordo com Justin Martyr, que viveu em meados do século 2 EC, “E quando aqueles que registram os mistérios de Mitra dizem que ele foi gerado de uma rocha, e chamam o lugar onde aqueles que acreditam nele são iniciados uma caverna, não percebo aqui que a declaração de Daniel, que uma pedra sem mãos foi cortada de uma grande montanha, foi imitada por eles, e que eles tentaram da mesma forma imitar todas as palavras de Isaías? Pois eles planejaram que as palavras de justiça também fossem citadas por eles. Mas devo repetir-vos as palavras de Isaías a que se refere, para que delas saibais que estas coisas são assim. Eles são estes: Ouvi, vós que estais longe, o que tenho feito; aqueles que estão próximos conhecerão meu poder.Os pecadores em Sião são removidos; o tremor apoderar-se-á do ímpio. Quem vos anunciará o lugar eterno? O homem que anda em retidão, fala da maneira certa, odeia o pecado e a injustiça e mantém suas mãos puras de subornos, tapa os ouvidos de ouvir o julgamento injusto de sangue, fecha os olhos de ver a injustiça: ele habitará na caverna elevada da rocha forte. Pão será dado a ele, e sua água [será] segura. Vereis o Rei com glória, e vossos olhos olharão para longe. Sua alma deve perseguir diligentemente o temor do Senhor. Onde está o escriba? onde estão os conselheiros? onde está aquele que conta os que se nutrem, - os pequenos e os grandes? com quem não aconselharam, nem conheceram a profundidade das vozes, de modo que não ouviram. As pessoas que se tornaram depreciadas, e não há entendimento naquele que ouve. ' Agora é evidente que nesta profecia [alusão é feita] ao pão que nosso Cristo nos deu para comer, em lembrança de que Ele se fez carne por causa dos Seus crentes, por quem também Ele sofreu; e ao cálice que Ele nos deu a beber, em memória do Seu próprio sangue, com ações de graças. E essa profecia prova que veremos esse Rei com glória; e os próprios termos da profecia declaram em alto e bom som, que o povo conhecido de antemão como crendo Nele era conhecido de antemão por buscar diligentemente o temor do Senhor. Além disso, essas Escrituras são igualmente explícitas ao dizer que aqueles que têm a reputação de conhecer os escritos das Escrituras, e que ouvem as profecias, não têm entendimento. 'E quando ouço, Trifo', disse eu, 'que Perseu foi gerado de uma virgem, entendo que a serpente enganadora também falsificou isso.' nasceu de uma rocha, se ele for considerado um deus. Agora diga-nos, então, por outro lado, qual é o primeiro desses dois. A rocha venceu o deus: então, o criador da rocha deve ser procurado. Além disso, você ainda o descreve como um ladrão; embora, se ele fosse um deus, certamente não vivia de roubo. Certamente ele era de terra e de natureza monstruosa. E ele transformou os bois de outras pessoas em suas cavernas; assim como Caco, aquele filho de Vulcano. "

Uma escultura de Mitra nascendo de uma rocha

O historiador de antiguidades Franz Cumont acreditava que por volta do final do século I dC, o culto a Mitra começou a aparecer no centro da Itália. Por volta de 172 EC, enquanto os invasores tentavam invadir alguns dos pontos mais ao norte do Império Romano, mais evidências da adoração a Mitra começaram a aparecer. No entanto,

Cumont também notou que por volta de 148 EC, membros da 15ª legião, que foi postada no rio Danúbio no início do reinado dos Vesparianos, já estavam sendo introduzidos no culto de Mitra e celebrando os Mistérios de Mitra também.

A partir de 148 EC, a adoração generalizada de Mitra entre os legionários romanos que foram postados nas selvas da Alemanha começou a se mover firmemente de volta ao centro do Império Romano. Na época em que terminou o século 2 EC, havia templos dedicados a Mitra em algumas das cidades mais poderosas do Império Romano, e o culto a Mitra tinha as bênçãos de alguns dos césares mais poderosos, como membros da família Antonino. A adoração de Mitra influenciou até mesmo o imperador Marco Aurélio Antonino, o magistral estoico e escritor que governou tão bem o Império Romano.

Um relevo mitraico de Neuenheim perto de Heidelberg no sul da Alemanha

Mitra se Espalha por Todo o Império

Ruínas de um Mitreu encontradas no centro da Itália

Qualquer esforço para compreender e rastrear totalmente a progressão e, portanto, a evolução do culto a Mitra dentro das amplas fronteiras do Império Romano, seria um empreendimento extenso e possivelmente fútil, considerando a amplitude da história de Roma.A principal razão por trás disso é que existem poucos templos do deus que permanecem, e a evidência escrita aplicável do culto da história de Mitra é ainda mais carente do que a evidência física.O que se sabe, entretanto, é que os maiores proponentes do culto de Mitra foram os soldados das poderosas legiões do Império Romano.Faz todo o sentido que os legionários de Roma sejam os maiores defensores do culto, bem como seus recrutadores mais influentes; Afinal, Mitra era o deus dos soldados, e muitos dos legionários do Império Romano achavam benéfico orar a ele, buscando uma vitória gloriosa no campo de batalha ou a morte de um soldado honrado no mesmo.

A capacidade de um devoto de Mitra de recrutar mais fiéis das fileiras das legiões também teria sido fácil para eles. Jovens soldados, muitas vezes com medo da maneira como iriam se apresentar no combate - permanecendo firmes ou correndo à primeira vista do inimigo - teriam buscado assistência espiritual ou sobrenatural para garantir que não falhariam a si próprios ou a seus camaradas no futuro luta.

Como resultado, a adoração de Mitra começou a ser espalhada por legionários por todo o Império Romano e, no processo, o culto assumiu uma forma única conforme os romanos adaptaram os rituais e mistérios para seus próprios usos em várias regiões. No século 1 dC, tornou-se uma prática normal dentro do império levantar, treinar e equipar legiões locais para defesa e ataque conforme a situação política atual exigia. Essas várias legiões foram formadas por homens de diferentes províncias, seja na Gália ou na África, e por serem compartimentadas e isoladas da maioria das influências do império pelo qual lutaram e morreram, os legionários geralmente mantiveram a maioria de seus costumes locais e práticas. A maioria das pessoas que não estão familiarizadas com as legiões romanas - ou como a vida militar era e é para o soldado comum - não acreditaria, então, que as legiões de Roma pudessem ser expostas em número significativo à adoração de Mitra, ou, se elas tornaram-se seguidores fiéis, para que pudessem propagar a fé. Considerando o isolamento da maioria das legiões, alguém pensaria que tal ato de recrutar para o culto de Mitra seria quase impossível.

Na realidade, as legiões romanas eram muito mais móveis do que muitos acreditavam, especialmente no que diz respeito à capacidade de divulgar informações. Os principais veículos para a educação dos legionários em relação a Mitra foram os centuriões das legiões romanas. Os centuriões foram a espinha dorsal de todas as legiões do Império Romano e foram responsáveis por um século, que consistiu em 100 homens. Para cada coorte, havia seis séculos, e cada coorte era comandada por um centurião sênior. Eram esses homens os responsáveis pelo desempenho de sua companhia e de sua coorte na batalha, e ele seria responsável por seu treinamento também. Além de preparar seus legionários para a guerra, ele também era responsável pelo bem-estar físico de seus homens e, quando necessário, seu bem-estar espiritual.

A razão pela qual isso é significativo é a maneira como funcionava o sistema de promoção dos centuriões da legião romana. Para um legionário ser considerado para a posição de centurião, ele precisava ser grande em estatura e um lutador comprovado, corajoso e habilidoso. Os legionários que o centurião acabaria por comandar precisavam ser capazes de vê-lo na batalha, e os centuriões tinham de ser capazes de liderar esses homens com seu próprio exemplo.

Para que o centurião comandasse legionários com mais eficiência, novos centuriões seriam removidos de suas legiões de origem e posteriormente transferidos para uma legião diferente. Esta legião pode estar na mesma província ou a nova legião pode estar do outro lado do Império. Como qualquer militar do mundo, o centurião recém-formado iria para onde quer que o exército romano decidisse enviá-lo, e o raciocínio por trás disso era bastante simples: um novo centurião teria dificuldade para comandar os homens com quem esteve tão recentemente em pé de igualdade. Ao transferir o novo centurião para uma legião onde era desconhecido, ele teria a autoridade necessária para comandar suas tropas e poderia cumprir suas funções, recebendo o devido nível de respeito que sua posição dentro dos postos carregava.

Embora o centurião fosse um instrumento de instrução e às vezes de disciplina temerosa, sua orientação em assuntos que iam desde o conserto de roupas até a adoração de divindades apropriadas também era importante. Cumont, portanto, teorizou que foram principalmente os centuriões que poderiam muito bem ter sido responsáveis pela propagação do culto de Mitra, e isso é certamente sensato. Afinal, qualquer legionário que alcançasse o posto de centurião era um veterano endurecido pela batalha de numerosas campanhas; de um compromisso de 20 anos com a legião (o número mínimo de anos para qualquer soldado da infantaria romana), ele teria passado uma quantidade significativa de anos marchando e lutando sob as águias de Roma. O centurião provavelmente teria atribuído pelo menos uma grande parte de seu sucesso como sobrevivente e guerreiro a um benfeitor piedoso de algum tipo, e para um soldado romano nos primeiros dois séculos dC, esse benfeitor piedoso em particular certamente teria sido Mitra. Mesmo que o centurião não fosse um membro ativo do culto de Mitra, mas simplesmente um crente, o simples fato de estar vivo depois de tantos anos difíceis como soldado já teria sido um testemunho suficiente para alguns dos legionários mais jovens sob seus cuidados.

O centurião não era, no entanto, o único método pelo qual novos e diferentes deuses ou tradições podiam ser injetados em um ambiente militar isolado. Ocasionalmente, um regimento de infantaria ou um esquadrão de cavalaria pode ser transferido para outra legião para ajudar em uma campanha específica ou se preparar para um ataque previsto. Além disso, embora não fosse um procedimento operacional padrão, havia ocasiões em uma área específica em que grupos maiores de legiões eram absolutamente necessários. Com a proximidade das tropas umas das outras nesses casos, os soldados inevitavelmente se reuniam e discutiam histórias de batalhas anteriores e realizações questionáveis. Os legionários e centuriões romanos certamente teriam falado da intercessão dos deuses, especialmente um deus que aparentemente foi criado para cuidar dos soldados. Dessa forma, o culto a Mitra poderia ter se espalhado pelas legiões romanas, à medida que as tropas de várias unidades trocavam histórias e lendas.

Um último método de espalhar a palavra dos mistérios de Mitra foi através da influência das tropas auxiliares sobre os legionários romanos com os quais os auxiliares estavam estacionados. Esses auxiliares eram tropas nativas, homens recrutados de cidades e aldeias vizinhas, enquanto os legionários eram cidadãos romanos. Como muitos veteranos de conflitos modernos podem atestar, os laços de fraternidade formados no campo de batalha e selados com sangue podem transcender idade, raça e credo. Esse certamente teria sido o caso no Império Romano, tanto quanto é hoje. Assim que os auxiliares e os legionários se provassem - e sangrassem uns pelos outros -, muitas das restrições sociais e culturais que teriam separado os dois grupos antes de lutarem lado a lado teriam sido abandonadas. Com essas construções sociais descartadas, os dois grupos teriam compartilhado todos os tipos de coisas, incluindo seus vários sistemas de crenças. Assim, o culto de Mitra poderia ter se espalhado dos auxiliares para os legionários romanos em áreas onde Mitra ainda era um deus proeminente, e depois dos legionários romanos de volta para Roma.

Os legionários romanos eram indivíduos extremamente supersticiosos e piedosos, e este aspecto particular do antigo soldado pode ser facilmente compreendido. Embora o período de alistamento de um legionário romano fosse de 20 anos, poucos deles podiam realmente esperar ver o fim de seu alistamento. A morte em batalha não era apenas um perigo real, mas o legionário tinha uma chance muito maior de realmente morrer de doença do que de um ferimento recebido em combate. Além disso, se um legionário ficasse ferido, havia o risco, por menor ou menor que fosse, de que esse ferimento infeccionasse. Uma infecção naquele período da história podia muito bem ser fatal para o infeliz legionário. Somadas a essas possíveis causas de morte estavam as inúmeras causas naturais que afligem a humanidade, bem como os vários extremos do clima, o risco de afogamento ao tentar cruzar rios ou riachos cheios, um transporte afundando no mar e também acidentes simples. Simplificando, a vida de um legionário romano era na maioria das vezes curta e brutal.

É completamente compreensível, então, que o legionário romano fosse em partes pio e supersticioso. Com a introdução do deus Mitra em seu sistema de adoração, o legionário romano tinha uma maneira perfeita de reduzir suas apostas a fim de sobreviver ainda mais em algumas das guerras mais cruéis do mundo antigo. O benefício adicional de se tornar um membro do culto de Mitra era a promessa de redenção, uma vida após a morte que seria tão brutal quanto a vida que eles estavam deixando. Para o seguidor de Mitra, esta vida após a morte estava preocupada com a grande e importante batalha entre o bem e o mal, uma honra e uma responsabilidade para os fiéis. Assim, o legionário romano que se juntou ao culto de Mitra, aprendeu o que precisava ser aprendido e procurou entender os mistérios de Mitra poderia se beneficiar não apenas da mão de Mitra que protegia o campo de batalha, mas também da redenção divina do deus quando o legionário romano inevitavelmente saiu do mundo.

Com essa promessa de proteção e redenção, muitos dos cidadãos de Roma que serviram nas legiões do Império se converteram ao culto de Mitra. Como iniciados, os legionários romanos começaram suas aulas e, quando se tornaram totalmente conhecedores dos vários mistérios de sua fé, esses homens foram capazes, por sua vez, de converter outros à fé e ao culto de Mitra. Foi assim que o culto de Mitra vagarosamente marchou desde os limites do Império Romano até as costas das nações mediterrâneas.

Mitra em Roma

Enquanto o culto a Mitra se espalhava por todo o Império Romano por meio da vasta força militar de Roma, o culto também se dirigia à Cidade Imperial. Em meados do século 1 dC, o imperador romano Nero foi apresentado ao culto de Mitra quando o rei armênio Tirídates visitou sua corte. Com ele, o rei Tirídates trouxe alguns de seus magos, que eram totalmente conhecedores dos mistérios de Mitra. Nero ficou tão impressionado com o que observou nos Reis Magos do Rei Tirídates que ele mesmo procurou se tornar um iniciado no culto.

Um busto antigo de Nero

Uma estátua do Rei Tiridates da Armênia

A política oficial do governo do Império Romano na época era a privação de direitos de quaisquer cultos estrangeiros, especialmente aqueles que tentassem se estabelecer na capital do Império. No entanto, o historiador GRS Mead apontou que este teria sido um passo impraticável para os administradores de Roma tomarem contra a adoração de Mitra e o estabelecimento de seu culto na cidade. Muitos soldados e cidadãos do

Império Romano eram praticantes da fé, e até mesmo alguns dos cidadãos mais ricos que serviram como tribunos, legados e cônsules, comandando vários aspectos das legiões, teriam sido membros plenos do culto também. Mead também teorizou que a maneira pela qual o culto de Mitra foi capaz de evitar a condenação oficial e ainda assim permanecer uma organização ativa dentro da cidade de Roma teria sido se organizar como uma organização funerária. Sob esse disfarce, o culto de Mitra teria sido capaz de praticar e pregar sua filosofia e religião particulares sem medo de ser processado e sem o risco de embaraçar alguns de seus membros que ocupavam posições elevadas na sociedade romana.

Alguns dos homens que foram iniciados no culto de Mitra e ocuparam posições de poder e importância na sociedade romana não haviam necessariamente começado a praticar a fé por causa de seu serviço nas legiões. GRS Mead acreditava que muitos dos cidadãos romanos de classe alta que haviam se tornado iniciados no culto de Mitra poderiam ter aprendido sobre a fé por meio da influência de seus escravos. Essa influência foi possível pela simples razão de que o sistema romano de escravidão tinha pouca semelhança com o que viria a existir nos estados escravistas da América antes da Guerra Civil. Embora a escravidão na Roma antiga pudesse significar uma vida inteira de servidão, muitos escravos romanos eram educados ou ensinados a ofícios se ainda não tivessem aprendido algumas habilidades antes de serem comprados no mercado de escravos. Não era incomum que um escravo pudesse eventualmente comprar sua liberdade ou alcançar tal posição de honra e posição dentro da casa de seu senhor que ele não tinha desejo de sair. Mead também acreditava que, uma vez que muitos escravos administravam os aspectos econômicos da casa de seu senhor, e era totalmente possível que alguns escravos fossem membros do culto de Mitra e trouxessem seus mestres como iniciados doste.

Na época do século 3 dC, o culto a Mitra já havia se espalhado por todo o Império Romano. Adoradores e adeptos podiam ser encontrados em todas as grandes cidades e vilarejos, e os iniciados iam desde o soldado analfabeto recrutado do posto avançado mais distante do Império Romano até os próprios césares. Se não no nome, o culto de Mitra era o culto dominante do Império Romano na prática, e parecia feito sob medida para a mentalidade romana. O mitraísmo proclamava o direito divino dos reis, mas reconhecia plenamente a responsabilidade desses mesmos reis para com os homens a quem comandavam na batalha. Mitra exigia igualmente de todos os seus súditos, não favorecendo um acima do outro. Quer o homem em questão fosse o patriarca de sua casa ou de César e suas legiões, cada um desses homens tinha que aderir às regras estritas estabelecidas pelos mistérios de Mitra. Como o deus da vitória e da conquista, Mitra também era ideal para as legiões romanas, e uma vez que Mitra era o deus da retidão e da justiça, ele era ideal para um Império que se via como tendo a responsabilidade de trazer paz e civilização para o mundo por meio da orientação e controle romanos.

Embora o culto a Mitra tenha reinado supremo dentro do Império Romano por décadas, pouco se sabe sobre os mistérios de Mitra e os rituais mais básicos além do que foi apresentado aos novos iniciados. O culto de Mitra era uma organização secreta, então poucos de seus membros falaram sobre o que eram os mistérios e rituais.

Um dos poucos rituais que se conhece gira em torno do sacrifício de animais, principalmente o sacrifício de touros. A razão pela qual esses rituais são conhecidos é que eles foram documentados por historiadores contemporâneos e estão registrados em um grande número de esculturas e baixos-relevos. Além disso, no entanto, os membros ficaram em silêncio, levando seus segredos e os segredos do culto de Mitra com eles para o túmulo.

Uma foto de um altar votivo para Mitra encontrada na Romênia

Um antigo mosaico romano representando Mitra emergindo de uma caverna

Nos últimos anos, mais evidências arqueológicas foram descobertas e desenterradas sobre os aspectos físicos da versão romanizada do culto de Mitra. Templos subterrâneos foram examinados, documentos e artefatos anteriormente não registrados foram catalogados e preparados para estudo, e esculturas foram reveladas. Alguns historiadores e arqueólogos afirmam ter descoberto ou conseguido juntar elementos dos mistérios de Mitra, mas esses esforços foram fortemente examinados pelo resto da comunidade acadêmica porque há pouca ou nenhuma evidência física apresentada que poderia apoiar as traduções que estes acadêmicos proclamaram ter decifrado sobre textos raros e lendas esculpidas entre baixos-relevos e templos.

Cristianismo e o Culto de Mitra

Antes do reinado de Constantino, o Grande, no início do século 4 EC, o culto de Mitra alcançou uma posição de domínio dentro do império. Isso mudou quando Constantino se converteu ao Cristianismo e depois converteu o império, mas mesmo o Cristianismo não iria simplesmente deixar de lado o culto de Mitra. À medida que o cristianismo lentamente ganhou o apoio dos césares - e, portanto, da nobreza e da classe alta da sociedade romana - começou a forçar o culto de Mitra a um papel secundário na cultura e na sociedade romanas, mas Mitra permaneceria.

Foto de Katie Chao de um busto de Constantino

Visto que a influência do culto de Mitra sobre o Império Romano foi tão significativa, e Roma influenciou fortemente o Cristianismo, alguns estudiosos começaram a demonstrar que o culto de Mitra afetou o Cristianismo e teve certos aspectos de seus mitos apropriados pelo Cristianismo também. De acordo com Mead, "A religião de Mitra era uma das muitas formas do mistério de Cristo; e o mistério do Cristo é o mistério do aperfeiçoamento do homem e da apoteose final. " (Mead, The Mysteries of Mitra, 4).O fato de Mitra ser visto como um caminho para a redenção para aqueles que acreditavam nele foi um fator significativo para muitos estudiosos e historiadores quando compararam o culto de Mitra ao Cristianismo. É também um elemento essencial que deve ser considerado ao se buscar compreender os mistérios de Mitra.

Embora ocasionalmente ainda se prove popular para historiadores e teólogos empenhados em fazer um nome para si próprios através da reinterpretação em vez de reexame, há poucas evidências de que qualquer um dos dois sistemas teológicos em questão - o culto de Mitra ou o Cristianismo - roubou ou tirou conceitos de outros. A principal semelhança entre as duas religiões era que ambas prosperaram dentro do Império Romano durante o mesmo período de tempo, mas, fora isso, as semelhanças são poucas e distantes entre si.

Talvez a maior diferença entre o culto de Mitra e a forma primitiva do Cristianismo fosse o objetivo de longo prazo de cada fé. Para os praticantes do culto de Mitra, eles não tinham nenhum objetivo além de continuar a sobreviver e continuar a praticar sua fé como era conhecida por eles. A maioria dos adeptos e seguidores do culto eram membros atuais ou ex-membros das legiões romanas, e o foco principal desses legionários era a justiça, a vitória e a redenção por meio da fé e da prática adequada de rituais, bem como a execução correta do cerimonial sacrifícios.

O objetivo de longo prazo do Cristianismo era exatamente o oposto, entretanto. Os primeiros cristãos sofreram terrivelmente nas mãos do Império Romano, mas isso não foi apenas devido ao sistema de crenças monoteísta dos cristãos. Mesmo sua fé em Cristo e na aliança que foi criada entre Deus e os seguidores da palavra de Cristo não teria sido um problema real para o Império Romano se os primeiros cristãos tivessem simplesmente aceitado seu lugar na base do totem teísta que existia no Império Romano. Este, entretanto, não foi o caso; os primeiros cristãos declararam que havia apenas um Deus verdadeiro. Além disso, os cristãos declararam que todos os que cressem de outra forma estavam condenados e, portanto, tinham que se converter para se salvar. Para o Império Romano, esse foi um incômodo que começou a dificultar o governo de certas áreas.

O que tornou as proclamações cristãs ainda mais obstrutivas para o bom funcionamento de um Império - e, portanto, muito mais difícil para o governo romano ignorar - foi o fato de que a maioria dos primeiros cristãos ter sido convertida do judaísmo. A nação da Judeia havia sido problemática para o Império Romano muito antes da crucificação de Cristo, então, até que a mão protetora do Imperador Constantino tivesse sido estendida sobre os cristãos, a própria existência da religião esteve constantemente em dúvida. Com a bênção e a proteção do imperador romano, porém, os cristãos podiam praticar com conforto e segurança sua forma de monoteísmo, sem o medo constante de represálias oficiais.

Com o passar dos anos, a posição do Cristianismo continuou a se fortalecer dentro dos limites do Império Romano, os cristãos começaram um esforço conjunto com o objetivo de expulsar outras religiões e crenças do mundo romano. Foi nesse ponto que os caminhos do culto de Mitra e do Cristianismo realmente divergiram. Embora o culto a Mitra não fosse mais favorecido pelo Império Romano, ele ainda continuou a existir, uma vez que nunca procurou ser a fé dominante no Império.Este não foi o caso do Cristianismo, que buscou desesperadamente não ser simplesmente a fé dominante, mas a única fé. Um procurou existir, o outro conquistar.

Quando os estudiosos debatem as semelhanças entre Mitra e Cristo, existem poucos "fatos", e esses fatos, tão vagamente conhecidos, geralmente se enquadram em três categorias: verdades completas; meias-verdades; e pura conjectura. Das inúmeras semelhanças que se afirmam existir entre as duas figuras (como Mitra e Cristo, ambos tendo 12 discípulos), apenas algumas delas são realmente dignas de exame.

Alguns estudiosos que se especializaram na antiguidade e alguns teólogos tentaram afirmar que Mitra, assim como Cristo, realizou milagres na água. As evidências usadas para apoiar esta afirmação podem ser encontradas em um monumento que foi descoberto na área do rio Danúbio. Este monumento mostra Mitra disparando uma flecha nas rochas, o que alguns interpretam como uma tentativa de Mitra de extrair água da própria pedra. Uma vez que o culto de Mitra existia muito antes do Jesus histórico, alguns estudiosos tentaram argumentar que os primeiros cristãos se apropriaram da capacidade de Mitra de realizar milagres na água.

Outro conceito que existe entre as duas religiões é o de salvação e redenção. É aí, entretanto, que termina a semelhança entre o culto de Mitra e o Cristianismo. Para o cristianismo, o conceito de salvação girava e continua girando em torno da aceitação de Cristo como o salvador de um indivíduo e, portanto, Cristo é o único meio pelo qual os portões do céu podem ser abertos. Para os adeptos do culto de Mitra, entretanto, o destino final da alma do crente não era um conceito nem preocupação; o que importava para os fiéis era a participação do indivíduo na grande e cósmica batalha que continuava a ser travada entre as forças do bem e do mal.

Outro tema comum envolve o sinal da cruz. Alguns estudiosos e teólogos afirmaram veementemente que há evidências escritas claras e inegáveis de que aqueles que foram iniciados nos mistérios de Mitra tinham a marca da cruz em suas testas, mas isso não tem qualquer base em arqueologia real ou escrita. Há apenas uma menção de uma marca em qualquer um dos primeiros textos, e não há menção quanto a uma forma ou tamanho definitivo da marca, ou mesmo se a marca na cabeça de um iniciado era permanente ou apenas lá para um ritual. Isso foi discutido pelo autor cristão Quintas Septimius Florens Tertullianus, um homem natural da cidade de Cartago durante os séculos 2 e 3 da era atual.

Existem, é claro, outras conexões teóricas que se diz existirem entre o Cristianismo primitivo e o culto de Mitra. Isso deve ser esperado, uma vez que ambas as religiões ocuparam o mesmo espaço teológico dentro do Império Romano por vários séculos. Seguindo o domínio do campo teológico pelo Cristianismo, os fiéis cristãos começaram a construir mais igrejas com o passar dos anos, a fim de acomodar suas fileiras cada vez maiores. Uma vez que qualquer tipo de espaço era escasso em muitas das cidades antigas do Mediterrâneo, não era incomum que novos edifícios fossem construídos sobre as fundações de edifícios mais antigos que haviam caído ou foram demolidos para fins de nova construção. Este foi certamente o caso, quer o edifício fosse um novo bordel ou uma nova igreja.

O culto de Mitra construiu seus templos no subsolo, então era bastante comum até mesmo para o mais comum dos edifícios ter um templo mitraico abaixo dele. Assim, havia muitas novas igrejas cristãs que tinham um templo Mithraico abandonado servindo como seu porão. Alguns estudiosos tentaram, sem sucesso, argumentar que a existência de tais templos sob igrejas são mais do que mera coincidência. Eles argumentam, e às vezes com bastante veemência, que, uma vez que os templos do culto estão localizados abaixo das igrejas cristãs, o que foi descoberto é uma evidência mais direta que forma um elo coerente entre a adoração de Mitra e Cristo. Outros, como o historiador Ronal Hutton, apontaram que isso estava longe de ser o caso, especialmente ao considerar o fato de que algumas das primeiras autoridades cristãs fizeram um esforço muito real para evitar a construção de templos dedicados a Mitra. Hutton afirma que este foi um esforço direto para evitar que quaisquer conclusões errôneas fossem tiradas entre a existência de Mitra e Cristo.

Ironicamente, as principais semelhanças que se argumenta terem existido entre Mitra e Cristo, ou que existiram entre o culto de Mitra e o Cristianismo, não têm seus fundamentos na antiguidade. Essas supostas semelhanças, ou pelo menos a "exposição" e a análise das mesmas, derivam principalmente do século 17 e da influência da Reforma Protestante, uma fragmentação da outrora coerente Igreja Católica na Europa que resultou em uma miríade de interpretações de a Bíblia como um todo e como livros separados. Foi após a Reforma Protestante, quando o Protestantismo se instalou na Europa, que historiadores e teólogos protestantes começaram a atacar o que acreditavam ser a herança pagã da Igreja Católica.Ao conectar os rituais da Missa Católica aos rituais sugeridos do culto de Mitra, os historiadores e teólogos protestantes esperavam poder desacreditar a validade da Igreja Católica em particular e do Catolicismo em geral.

Assim, as semelhanças que supostamente existiam entre o Cristianismo primitivo e o culto de Mitra podem ser vistas como mera coincidência, na melhor das hipóteses, e simples conjectura, na pior. Na verdade, à medida que as alegações de semelhanças entre as duas religiões se tornaram mais tênues e inflamadas, pode-se mostrar que esses paralelos e supostas apropriações cristãs nada mais eram do que agressões escritas e verbais em uma troca teológica de golpes.

Um baixo-relevo retratando Mitra olhando para o deus Sol Invictus enquanto sacrificava um touro

Um alívio de Mitra e Sol Invictus jantando juntos em um banquete

Conclusão

**Uma pedra preciosa romana antiga representando
Mitra sacrificando um touro**

Ironicamente, Roma e o culto de Mitra sempre estarão associados um ao outro, mas o deus Mitra se originou longe da cidade de Roma e muito antes de a Cidade Eterna ser supostamente fundada pelos lendários irmãos Rômulo e Remo. Mitra existia com um nome diferente em uma nação a quase meio mundo de distância, e a adoração de Mitra progrediu lenta e continuamente, primeiro viajando entre os comerciantes e migrantes do subcontinente indiano como simplesmente o deus dos contratos e o árbitro dos mesmos. Seu nome foi invocado na assinatura de contratos, e era sua vingança que um signatário poderia esperar colher caso o signatário deixasse de cumprir o seu fim de um acordo.

Conforme Mitra saiu da Índia para a Pérsia, as características da divindade mudaram gradualmente. Em vez de ser o deus dos contratos entre mercadores, Mitra tornou-se o deus dos contratos entre reis e seus comandantes e entre comandantes e seus soldados. Ele também se tornou o deus da intervenção pela causa da justiça, e foi Mitra quem garantiu a vitória no campo de batalha para os justos.

À medida que o Império Persa se formou, cresceu e se expandiu por todo o mundo antigo, o mesmo aconteceu com Mitra. Um culto se formou em torno do deus e sua posição de poder aumentou. Mitra se tornou o anjo vingador do deus supremo, e foi ele quem liderou as forças celestiais do deus supremo na batalha para derrotar o mal e a injustiça enquanto este buscava firmar-se na Terra. A punição de Mitra foi rápida, e seus inimigos sempre foram derrotados e para sempre tiveram medo de suas habilidades.

Mitra tornou-se o deus dos soldados mesmo quando foi absorvido por um novo panteão quando o zoroastrismo se tornou a religião principal do Império Persa. Mesmo quando foi substituído em estatura no panteão zoroastriano, Mitra permaneceu fiel a seus mitos. Seus seguidores permaneceram fiéis a ele após a conquista de Alexandre, o Grande, quando parecia que Mitra havia se aliado aos macedônios contra os exércitos persas.Mais uma vez, à medida que o helenismo se infiltrava na sociedade e na cultura persas, Mitra permaneceu um deus vibrante enquanto o mundo mudava. Quando aqueles dentro das cidades começaram a falhar em sua adoração e reconhecimento de sua piedade, o culto de Mitra manteve sua homogeneidade nos lugares onde poucos gregos civilizados iriam.

Com a passagem contínua do tempo, Mitra prosperou nesses lugares como só uma divindade que fala às necessidades de uma população pode, e enquanto o culto de Mitra continuou a sobreviver e prosperar, o império da Grécia não o fez. O poder dos helenos enfraqueceu quando as legiões de Roma desafiaram os gregos por seu lugar entre as nações do Mediterrâneo. Contra a adaptabilidade e disciplina das legiões romanas, a lendária falange macedônia falhou.

Depois que o poder da Grécia diminuiu, e depois que as legiões de Roma esmagaram o exército e a marinha da cidade de Cartago, Roma ascendeu a uma posição incomparável no Mediterrâneo, e foi então que os romanos aprenderam sobre Mitra. As legiões romanas, temidas e ferozes, eram lutadoras. Os homens marcharam por milhas (e a própria palavra "milha" vem da palavra latina "milhas" para um soldado), e com a expansão do poder romano por todo o Mediterrâneo e terras distantes, os legionários eventualmente entraram em contato com Mitra. Aqui estava um deus que falou ao legionário romano; Mitra não era simplesmente um deus da luta, mas um deus da vitória e das obrigações. Mais importante ainda, Mitra era um deus que oferecia redenção. O legionário romano que aprendeu sobre Mitra, o culto e o que era necessário para um homem ser fiel e verdadeiro a Mitra, poderia encontrar paz dentro dessa fé. Ele sabia que Mitra tentaria proteger o crente dos golpes do inimigo e sabia que a justiça estava nas mãos dos justos. Nunca houve qualquer dúvida se Roma era justa, como esse fato havia sido provado várias vezes no campo de batalha.

Foi aqui então, quando os romanos entraram em contato com Mitra, que eles começaram a colocar uma marca romana na adoração ao deus da vitória. Aparentemente, Mitra passou a pertencer apenas aos ranques militares do Império Romano. Legionários, tanto do passado quanto do presente, adoravam o deus.

Na verdade, os ranques dos iniciados no culto de Mitra eram apenas isso: ranques. Pelo menos uma das categorias conhecidas de iniciados era simplesmente chamada de "Miles", como fica claro entre as evidências arqueológicas existentes, e desde que o culto de Mitra no Império Romano foi trazido à tona na cultura e sociedade romana pelos militares , não deveria ser surpresa que fosse um culto estritamente masculino. Embora tenha havido mulheres iniciadas e praticantes no Império Persa e em outros países orientais, este não foi o caso no Império Romano. O culto a Mitra era uma religião militar e no Império Romano apenas os homens serviam nos exércitos das legiões.

Por séculos, o culto de Mitra foi uma religião estabelecida no Império Romano. Nos séculos 1, e 3 DC, o culto havia alcançado uma posição de destaque em comparação com as outras religiões, mas isso nunca foi o desejo dos membros do culto. Os iniciados nos mistérios de Mitra simplesmente buscavam existir e estavam muito mais focados na adoração de Mitra e na irmandade que mantinham com os ex-legionários.

No entanto, o culto de Mitra não teria permissão para existir uma vez que o imperador romano Constantino começou a favorecer o cristianismo acima de todas as outras religiões do Império. Tendo sobrevivido à perseguição, os seguidores de Cristo prontamente iniciaram uma campanha prolongada buscando alcançar o domínio dentro do império e, quando foram suficientemente fortes, começaram a perseguir os de outras religiões sob a proteção do governo romano. Sob o assalto constante do Cristianismo, o culto a Mitra começou a desaparecer.

No entanto, elementos do culto de Mitra continuaram a sobreviver ao longo dos anos, com algumas formas de rituais e celebrações praticadas pelos persas existindo até o início do século 20. Certos estudiosos e teólogos argumentam que existem semelhanças entre o Cristianismo e o culto de Mitra, e alguns até acusam o Cristianismo de roubar ideias e conceitos do culto anterior de Mitra, mas simplesmente não há evidências suficientes para apoiar essas afirmações.

Em suma, o culto de Mitra foi um culto militar poderoso que prosperou dentro do Império Romano no auge de seu poder. Seguro dentro dos exércitos das legiões de Roma, o culto prosperou e os legionários vitoriosos se alimentaram do deus da vitória, que por sua vez recebeu crédito pela força dos legionários. Mitra, nas mãos dos legionários romanos, tornou-se um deus verdadeiramente formidável, que conduziu as legiões à vitória e garantiu aos soldados que suas mortes não seriam em vão.

Fontes da Web

Outros livros sobre a Roma Antiga por Charles River Editors

Outros livros sobre a Mitologia Romana na Amazon

Leituas de Aprofundamento

Angus, S. *The Mystery Religions*. Mineola, New York: Dover Publications, 2011.

Beck, Roger. *The Religion of the Mithras Cult in the Roman Empire: Mysteries of the Unconquered Sun*. New York, New York: Oxford

University Press, 2007.

Bianchi, Ugo. Ed. *Mysteria Mithrae: Education and Society in the Middle Ages and Renaissance*. Australia: Leyden, 1979.

Bowden, Hugh. *Mystery Cults of the Ancient World*. Princeton, New Jersey: Princeton University Press, 2010.

Clark, Peter. 2001. *Zoroastrianism: An Introduction to an Ancient Faith*. Brighton, UnitedKingdom: Sussex Academic Press.

Clauss, Manfred. *The Roman Cult of Mithras: The God and His Mysteries*. New York, New York: Routledge, 2001.

Cooper, D. Jason. *Mithras: Mysteries and Initiation Rediscovered*. Newburyport, Massachusetts: Red Wheel, 1996.

Cumont, Franz. *The Mysteries of Mithras*. Mineola, New

York: Dover Publications, 1956.

Hutton, Ronald. *The Pagan Religions of Ancient British Isles; Their Nature and Legacy.* Malden, Massachusetts: Wiley-Blackwell,

1993.

Kaizer, Ted. Ed. *Cities and Gods: Religious Space in Transition.* Oakland, California: Peters, 2013.

Martin, Luther H. *The Mind of Mithraists: Historical and Cognitive Studies in the Roman Cult of Mithras.* New York, New York:

Bloomsbury Academic, 2015.

Mead, G.R.S. *The Mysteries of Mithras.* Heraklion Press, 2014.

Nabarz, Payam. *The Mysteries of Mithras: The Pagan Belief that Shaped the Christian World.* Rochester, Vermont: Inner Traditions,

2001.

Patella, Michael, OSB. *Lord of the Cosmos: Mithras, Paul, and the Gospel of Mark.* New York, New York: Bloomsbury, T&T Clark,

2001.

Ruoff, Henry W. *Zoroaster, the Persian Prophet: A Brief Guide to His Life and Teachings*. Bayside, New York: A.J. Cornell

Publicações, 2012.

Scheid, John. *An Introduction to Roman Religion*. Bloomington, Indiana: Indiana University Press, 2003.

Turcan, Robert. *The Cults of the Roman Empire*. Malden, Massachusetts: Wiley-Blackwell, 1997.

Ulansey, David. *The Origins of the Mithraic Mysteries: Cosmology and Salvation in the Ancient World*. New York, New York: Oxford

University Press, 1997.

Livros Gratuitos da Charles River Editors

Temos diversos títulos totalmente gratuitos todos os dias. Para ver os títulos gratuitos disponíveis no momento, clique neste link.

Livros com Descontos Especiais da Charles River Editors

Temos títulos com descontos especiais no valor de apenas 99 centavos todos os dias! Veja os títulos disponíveis com este desconto clicando neste link.